AF220543

Herstellung und Verlag: BoD – Books on Demand,
Norderstedt
ISBN: 978-3-7526-6832-2

Liebe Leserinnen und liebe Leser,

dieses Buch – DAS GANZE NENNT SICH LEBEN – beinhaltet Situationen aus allem, was wir vielleicht in einer ähnlichen Art und Weise erlebt haben.

Es sind Gedichte, Kurzgeschichten, Ansichten und Gedanken – welche ich aus meinem Leben hier einfließen lasse.

Ganze 6 Kapitel für Sie liebe Leserinnen und liebe Leser. Dazu noch Bonusmaterial und Künstler ft. Publikum. In Zeiten von Covid19, habe ich als Künstler das Ganze mal umgedreht, wenn das Publikum nicht zur Bühne kommen kann, kommt der Künstler auf seine Zuschauer zu.

Ich wünsche Ihnen eine gute Zeit und spannende Unterhaltung mit diesem Band.

Herzlichst,
Christian Hofmann

Inhaltsverzeichnis

Kapitel 1

Das Ganze nennt sich Leben

Dein Papi

Farben meiner Träume

Ich werde immer der sein

Zuversicht und Herzgefühl

Die Insel meiner Träume

Gerade Luft geholt

Mitternachtsstunde

Stürme voller Sehnsucht

Gedanken die fliegen

IM STRUDEL

WANDERSCHAFT

Denkanstöße

In Ehren geschätzt

Stadtliebe

Lebhaft

Eine Depression

Insekten und Ratten dort oben

Welt ohne Licht

Berichtshefte

Das Lächeln deiner Augen

DAS GANZE NENNT SICH LEBEN

Der Abendhimmel färbte sich ins
dunkle Rot
Die Sonne sank am Horizont
Nicht mehr lange und die Sterne
tanzten
Und es strahlte der helle Mond

So herrlich schön anzusehen
Das tiefe Schwarz in der Nacht
Hier entstehen die Träume
Jeder von ihnen, am Tag erwacht

Träume geben Hoffnung
Setzen in uns Kräfte frei
Sie lassen uns fliegen
Sind verblüffend wie Zauberei

Was wären wir ohne Hoffnung
Was wären wir ohne Träume
Seelenlose Hüllen
Eingesperrt hinter Mauern, hinter
Zäunen

DEIN PAPI

Es fühlt sich so seltsam an
Dem Gewissen ist schlecht
Gebe ich auf!?
Lasse ich alles im Stich!?

Was habe ich getan? Was ist mit mir geschehen?
Ich brauche ein neues Leben
In meinem, kann es nicht so weiter gehen
Was ist um mich geschehen?

Ich fühle Traurigkeit
Schmerz ist auch mit dabei
Bei aller Liebe, mit aller Kraft, mein Kind
Ich bleibe dein Papi, bis ich eines Tages nicht
mehr bin

Sei du im Schatten
Das helle Licht
Scheine im Regen als
Herrlich schönes Sonnenlicht

Folge deinem Herzen
Hör immer auf den Ruf
Du findest deinen Weg
Gehe ihn, habe den Mut

Farben meiner Träume

Wir beengen uns – Kerkern uns ein(s)
Schaffen uns Begrenzung
Grenzen war nie (m)eins

Du lebst so vielleicht – Ich bekomme Atemnot
Jeder hat so seinen Tanz
Du in meiner Nähe – Ich zu dir in der Distanz

Ich schaue in meinen Himmel auf
Er ist gezeichnet vom Sternverlauf
Ich male sie schön bunt und leuchtend –
Mit den Farben meiner Träume aus

Ich bin allein in meiner Welt – Weil es dir
In dieser nicht gefällt
Traurig wie es ist – Wie einsam man doch,
zu zweit sein kann

Ich habe eins gelernt – In meiner Welt
Allein zurechtzukommen
Mein ICH erst spät entdeckt
Meine Freiheit somit sehr spät gewonnen

Ich werde immer der sein

Ich werde immer der sein
Der gegangen ist
Begleitet von meinem Gewissen
Mit allen Vorwürfen

Diese werden ewig mein Schatten sein
Werden mir folgen auf meinen Wegen
Bei jedem Tritt auf neuem Stein

Innerlich zerreißt es mich
Noch zusätzlich – wie längst schon
ohnehin
Würde gerne reden, gerne sprechen
doch
Leere, sie ergänzt mich vortrefflich

Trage Tränen tief im Innern
Und ich schweige in mich hinein

Es tut mir wirklich leid und zwar sehr
Doch mein Inneres macht mir mein
Leben so schwer! Sie werden urteilen
über mich

Lange Wege schon, es ist doch alles
lange her!

Doch erlebtes Leid zu vergessen
Geschweige denn loslassen zu können
Versteht keiner, der es nicht selbst
erlebt hat!

Ich werde immer der sein
Der gegangen ist
Werde es sein, werde es bleiben
Bis ans Ende all meiner Zeit
Kann keiner verstehen
Und mir auch keiner verzeihen
Denen sei gesagt, seid froh
Denn ihr versteht nichts von meinem
Leiden!

Ich kann auch niemals das Schreiben
sein lassen – das ist wie aufhören zu
atmen!
Lebensstillstand
Versteht aber auch der nicht, der nicht
so fühlt und lebt und leidet so wie ich!

Zuversicht und Herzgefühl

Worauf noch Träume bauen?
Wenn die Hoffnung ganz leise schwindet!
Welche Sterne noch bereisen?
Wenn die Bahn sich nicht mit allen verbindet!

Woher kommt die Kraft in diesen Tagen?
Woher der Mut in dieser Zeit?
Das Glück doch längst gegangen
Verloren in der Vergangenheit!

Nun heißt es; Ausschau halten!
Nach den kleinen Glücksmomenten
Am Tag wie in der Nacht
Neue Wege beginnen, wenn die alten enden!

Zuversicht und Herzgefühl
Die Seele groß, sie erlebt so viel
Ich wünsche mir
Ein Glas voller Zauber

Eine Flasche gefüllt
Mit Neuigkeit
Berauschst vom Inhaltsstoff
Von dem etwas für immer bleibt!

Die Insel meiner Träume

Gibt es die Insel meiner Träume?
Den Ozean der Freiheit?
Sehne mich so lange –
Ja, schon so lange Zeit

Die Insel auf der meine Träume in Sicherheit
wiegen
Der Sand auf den ich diese Träume baue
Dass keine Welle mir diese zerstört –
Dem Meeresrauschen, dem ich vertraue!
Was beschäftigt mich doch diese Frage!
Es ist die Sehnsucht, die ich inne trage
Solange ich lebe, wird es so bleiben
Voller Sehnsucht – gefüllte Tage!

Es ist der Ruf der Freiheit
Der Ruf meiner Seele
Ich kann nie stehen bleiben
Ich muss mich bewegen
Auf der Reise meiner Ziele
Auf den Wegen meiner Wünsche und Träume
Die Flut meiner Seele
Sie bringt die Sehnsucht nach dem
Lebensgefühl zum Überschäumen

GERADE LUFT GEHOLT

Die Fresse dick
Die Schnauze so voll
Das Herz es drückt
Ich fühle mich nicht sehr toll

Mein Leben scheint missraten
Wenig Freude, nur viel zu klagen
Gerade Luft geholt
Schnürt das Schicksal wieder am Kragen

Alles nicht leicht
Wenn es so schwer ist
Alles nicht so einfach
Wenn man es doppelt hat

Ich will raus, ich will weg
Mit dem Kopf aus der Schlinge
Momentan ist es das Nichts
Wo ich es hinbringe!

Alles ist im Eimer
Die Gabel im Mist!
Liegen bleiben und aufgeben
Einfacher als aufstehen es ist!

Aber liegen bleiben
Ist nie eine Option
Sonne geht unter, Sonne geht auf
Ein neuer Tag, der kommt schon!

MITTERNACHTSSTUNDE

Ich schlage mir Nächte um die Ohren
Um tief zu graben und zu bohren
Nach Geheimnissen in dunkler Nacht
Wo ich sie einst begraben hab'

Die Jahre sind wie Bäume
Blätter sie gleichen den Tagen
Alles wild verstreut
Meine Schmerzen sie klagen

Die Seele findet keine Ruh'
Die Glocke läutet zur Mitternacht
Ich falle tief und tiefer
Bringe mich um den Schlaf der Nacht
Die Uhr zeigt zur
Mitternachtsstunde
Aufgewühlt, umgegraben
Wird nun so manche Wunde

Es macht tick, es macht tack
TICK-TACK, TICK-TACK
Truhe der Geheimnisse
Wird zur Stunde null geknackt

Tiefe Reise in —
Bereits Geschehne's
Alles wird durchleuchtet
Es entgeht nichts
Die Geheimnisse leuchten hell auf
Sofort steigen sie zum Licht hinauf
Alles sichtbar, wieder gelüftet, alles klar
Alles noch an Stelle und Ort, unversehrt und so nah, ja...

Stürme voller Sehnsucht

An die Tür klopft wieder einmal
Ein neues Jahr
Das Kommende wird anders
Wie das Diese war

Es wird anders
Wie bisher
Doch noch ist es frisch –
Frischer, Herbst
Da sind Stürme voller Sehnsucht
Winde in aller Hoffnungsrichtung
Auch das letzte Grau, es wird hell
In all der ganzen Belichtung

Alles auf das Neue ausgerichtet
Die Segel wehen in Wind der Hoffnung
Auf dass alles werden mag
Mit Zuversicht und Vertrauen an jedem Tag
Alles was war, das war
Wer weiß ob es wieder so werden wird
In Stürmen voller Sehnsucht kann –
So vieles geschehen, alles was zum Glück
gehört

Gedanken die fliegen

So wie die Landschaften –
An mir vorbeiziehen
Sind es auch meine
Gedanken die fliegen

So sitze ich hier im Bus
An meinem Platz
Bewusst mal wieder
Zeit nehmen die man hat

Wo kommt, was geht
Was bleibt!?
Alles Einzelteile
Im Format der Zeit

Die Landschaft ist
Ein Gedicht
Ich bin der Dichter
Der es schreibt

In diesen Momenten scheint es wie;
Die alten Geschichten
Der alten Bilder
Aus den alten Tagen
All die verstaubten Kartons
Sie liegen im Raum und darin –
All die ganzen Fotoalben

IM STRUDEL

So vieles wird im Alltag verschluckt
Durchgespült und vergessen
Haben es erlebt, inhaliert –
Trugen es inne und hatten es besessen

Wohin gehen all die Bilder, die Momente
All die ganze Zeit und Freude
Leben heute, freuen uns auf morgen
Wollen alles, doch nichts im Leben
vergeuden!

Was geschieht mit unserer Geschichte
Mit allem was einmal war
Alles von der Zeit geholt und vergangen
Was bleibt denn jemals von uns wirklich da?

Fotoalben, verstaubte Kisten voller
Erinnerung
Tage, Monate und Jahre
Wann war der Anfang von allem, der Tag
null?
Was ist wirklich wichtig und wieso und
warum?

Tagtäglich seine Arbeit verrichten
Geld hilft dir durch den Monat, Jahr für
Jahr
Doch wirklich gelebt, sag schon –
Kannst du wirklich sagen – habe ich, JA!?!?

HIN UND WIEDER GEHEN MIR DIESE GEDANKEN
DURCH DIE GÄNGE MEINES KOPFES
HIN UND WIEDER BEKOMME ICH DAS GEFÜHL
OH JE, ICH WERDE STETIG BEKLOPPTER!

Wanderschaft

Schwarzes Herz
Verbrannt die Seele
Tief am Abgrund
Hart waren die Wege

Eine wirklich lange Reise
Sternenweit entfernt
Richtung Zukunft geschielt
Doch weit davon weggelenkt

Das Leben ist eine
Wanderschaft
Man wandert durch alle
Lebens Landschaft

Träume sind wie Seifenblasen
Können platzen, können fliegen
Können neuentstehen
So viel, so lange, und so oft –
Du die Puste und die Hoffnung hast

Denkanstöße

Wohin ziehen die Wolken
Wohin all unsere Träume?
Was geschieht mit der Zeit die vergeht?
Warum bringt der Sommer Sonnenbräune?

Warum ist der Winter so eisigkalt
Und so weiß der Schnee?
Warum brechen Wellen – in vorher noch
So ruhiger See?

Ich habe Fragen, nix als Fragen!
Auf die niemand eine Antwort weiß
Warum ist mir kalt in warmen Tagen?
Warum friere ich bei 40Grad Hitze, ist doch heiß!?

Wo sind neue Denkanstöße?
Vom Tiefengrund an die Oberflächlichkeit
Ist es nur ein Schritt?
Oder ist es für mich unermüdlich aber doch so
weit!?

In Ehren geschätzt

Was wäre, wenn das Leben so wäre
Wie ich es mir einst, so sehr wünschte!?
Würde ich auf Bühnen stehen –
Meine Lieder singen?

Würden mich die Flügel tragen
Und durch das ganze Leben bringen!?

Heute schreibe ich die Texte
Verfasste viele Bücher mit ihnen
Das neue Programm; IM JETZT GEGEN DAS
NIE !
In den will ich fliegen und siegen!

Alles kleine Teilerfolge!
Von damals an bis heute!
Alles in Ehren geschätzt
Gelitten, gelebt, gefeiert in Freude!

Tränen liefen, Schmerz und Trauer
Alles gehört zur Lebensdauer
Mut und Stärke, Angst und Zweifel
Ich lebe im JETZT – was ich begreife!

Stadtliebe

Marburg
Kennst mein wahres Gesicht
Marburg
Du kennst mich, ich verstecke mich nicht

Bin hier manifestiert
Mein ICH bei DIR – es existiert
Wenn auch nicht alles
Aber vieles habe ich kapiert!

Viele Jahre auf den Bühnen
Mit meinen Texten
Habe mich selbst therapiert

Marburg
Das ist Stadtliebe
Fast 15 Jahre
Dass ich, diese Stadt nun liebe!

Marburg
Das ist für dich
Marburg
Nie vergesse ich dich!

Lebhaft

Das Leben verschwenden
Verschleudern
Ohne Sinnhaftigkeit
Vergeuden

Ohne Gedanken
Bedenkenlos handeln
Alles Bunte ins
Schwarz/Weiß verwandeln

Wege so unsinnig
Und so endlos lang
Festgesteckt in
Glied und Zwang

Wo bin ich lebhaft
Viel mehr wohnhaft!?
Fühle mich in
Gefangen- oder Gesellschaft!?

Wo befinde ich mich?
Wo ist das gesetzte Ziel?
Was setze ich ein?
Bekomme ich etwas zurück, wenn ja – wie viel!?

Eine Depression

Früher haben Menschen gearbeitet
Um die Familie zu ernähren
Heute arbeitet man für jene –
Die immer mehr haben müssen, als
andere!

Am besten so, dass –
Die, die alles wollen
So viel erzielen und gewinnen
Dass den andren nix mehr zum Leben
bleibt!

Wenn die, die viel wollen
Uns einsetzen und verbrauchen!
Aber der Einsatz nicht genug ist
Und der Gewinn zu niedrig···

··· Dann entsteht Stress, Ärger
Wut und Unzufriedenheit
Wir sind das Produkt
Aus allem!

Sie machen aus UNS
Eine Depression!

Insekten und Ratten dort oben

Der Schmerz er brennt auf
Brust und Lunge
Der Frust – der Hass und die Wut
Gleiten über meine Zunge!

Es ist all das – was mir
Schwer zu schaffen macht!

Es ist das ganze Leben
Was mich überkommt, überrollt
Alles schwarz verbrannt in mir
Denn Gold habe ich nie gewollt!

Lieber mich in dem Dreck
Auf Knien befinden und leben
Als mich im Kreis der –
Insekten und Ratten dort oben zu bewegen!

Ich bin der Bürger, der hier
Im Land malocht und Steuern zahlt
In meinem Text, nun scharf die Zunge
Ganz hart auf hart!

Welt ohne Licht

Die Unruhe treibt mich
Der Schmerz er quält mich
Das Herz es leidet –
So unerträglich!

Es beengt mich, beklemmt mich
Und es hängt – mich auf!
Die ganze Welt in Flammen
Ich gehe mit in – ihnen vollständig
auf!
Wer und was –
Hat mir dies hier alles eingebracht?
Ich liege wach in tiefer, dunkler –
In schwarzer Nacht!

Ich sehe nur noch Schatten
Welt ohne Licht
Wie erschwert doch –
Das Leben ist!
Verlassen von der Hoffnung
Kontakt zum Glück, er ist verloren
Glaube längst gebrochen
Was ist nur geworden!?
Es gibt so viel zu verlieren
Doch was zu entdecken???
Hoffnungsschimmer – wird er das Gute
Noch einmal erwecken!?

Berichtshefte

Kinderspielzeug
Kindergarten, frei, jung unbeschwert — fein
Geflippt, geflitzt, versteckt
So schön leicht war die Kindheit, oh mein!

Schulbus, Schulbank — Geburtstagsfeiern
Schule gegangen, 10 Klassen
Abschluss, Abgang
Schulischer Werdegang

Ernst des Lebens
Ausbildung, Lehre, Lernzeit
Berichtshefte schreiben, Prüfungen ablegen
Berufliche Stationen — Gesellschaftsnormen machen einsam!

Freunde von damals
Kaum noch welche da, haben heute wenig Zeit
Arbeiten, Pflichtbewusstsein
Die meisten Stunden muss man am Arbeiten sein!

Heute nun alles anders
Nichts mehr so wie es damals mal war
Fest im Zahnrad der Gesellschaft verschraubt
Tag um Tag, Jahr für Jahr!

Das Lächeln deiner Augen

Ich sehe so gern
Das Lächeln deiner Augen
Wenn ich deine
Schönen blauen schaue

Ich freue mich
Wenn du glücklich bist
Du bist das Beste was
Mir im Leben jemals passiert ist

Ich habe dich so gern, ich habe dich lieb
Du bist meine Kleine, wirst es immer bleiben
Auch wenn Sterne weiterziehen
Und vergehen auch die Jahreszeiten

Ich liebe das Leben
Weiß es mehr zu schätzen durch dich
Ist es auch nicht immer –
Alles so leicht für mich

Ich wünsche dir stets
Immer das Beste für deinen Weg
Auch wenn, du mal nicht mehr weißt
Wie es weitergeh, zu mir kannst du immer
gehen

Kapitel 2

Sanft der Wind
Für immer bleiben
Nichts erreicht
Farberfüllte Vision
Rauch *und schwarze* Wolken
DAS SCHATTENBILD
Richtig oder falsch
MICH HASSEN
Ewiglich
Gefecht
Herz in Flammen

Warmes Herz
Der Winter
DIESE REIHE
Von Zuhause
Viel Kaffee
Kalter Wintermorgen
Rosenbild
Zerschlage alle Oberflächlichkeit

Sanft der Wind

Der Wind fegte sanft
Über die Haut
Durch das Haar
Der weite Blick
Aufs Meer
Es war ein Moment
Voller
Unendlichkeit
Freiheit
Vollkommenheit
Das totale Empfinden
Und das totale Verspüren
Vom Lebensgefühl

Für immer bleiben

Zündschlüssel rein
Und rum
Fuß aufs Pedal
Fahrt geht los
Durch die Freiheit
Durch die Natur
Fenster runter
Lebensgefühl
Ganz lebhaft nah
So rein und pur
Was für ein Leben
Was für ein Gefühl
Dürfte doch so
Für immer bleiben

Nichts erreicht

ich
habe nichts
erreicht
nur bewusst
der frust
zeit verstreicht
erreicht
nichts von
all dem was ich wollte
nichts
ist so wie es sein sollte!
nichts
das habe ich erreicht!
nichts ist alles
und bei allem
ja, die zeit verstreicht!

farberfüllte Vision

Große Träume
So groß die Visionen
Was kann ich erreichen
Sind es alles, doch – realisierbare Stationen
Ein langer Atem ist erforderlich
Es muss beginnen der
Wer etwas bewegen will
All die Träume und Ziele
Schreibe ich so vor mich hin

Bin ich auf dem richtigen Weg
Oder habe ich mich ins Aus bewegt
Mein Traum hält mich am Leben
Die Realität spendet mir bloß
Traurigkeit und seelenlosen Regen

Wünsche sind nichts als bloß
Illusion, farberfüllte Vision
Im Kopf so final, doch schwarz/weiß das Leben
Allzu banal

Was habe ich schon erreicht – außer der
Erkenntnis, dass die Zeit verstreicht

Rauch und schwarze Wolken

Der Schmerz in mir
Steckt seelentief
Das Herz schlägt wild
Atem stockt
Der Ton klingt schief
Innerlich zerreißt es mich
Stürze in die Tiefe –
Ganz fürchterlich

Ohne Halt und ungebremst
Verloren bin ich, ach doch längst
Traurigkeit zerfrisst das Herz
Gut genährt von all
Meinem Leid und Schmerz

Es gibt kein Entkommen
Kein Entfliehen
Ich muss weiter, durch –
Rauch und schwarze Wolken ziehen
Atemlos
Schwerelos
So reißt es mich nieder
Zu Grund und Boden
Wenn ich aufsteh'
Fall ich immer wieder!

DAS SCHATTENBILD

Das Schattenbild
Es tanzt im
Sonnenlicht
Es dreht sich
Es bewegt sich
Bemerkt doch, sein
Eigen Lichterspiel nicht

Schwarze Rose
Schwarz das Herz
Tief getränkt im Leid
Aus all der Wunden
Reiner Schmerz
Er beißt
Er frisst
Nagt an der Seele
Kummer klagt den ganzen Tag

Während es tanzt
Im Sonnenlicht
Das Schattenbild

Richtig oder falsch

Ist es richtig
Oder falsch
Noch ist der Unterschied
Nicht sichtbar klar
Vielleicht
Kommt es alles
Doppelt und dreifach-stark
Und schlägt mir um die Ohren

Doch was man vorher
Nicht weiß
Kann man es später noch
Beurteilen?

Richtig oder falsch
Ist vielleicht gar nicht die Frage
Sondern
Lebst du und leidest du
Bist du glücklich oder traurig
Ob richtig oder falsch

Sag mir, wer weiß das schon?

Mich hassen

Ich fühle mich so schlecht
Wie gegangen
Ich werde mich hassen
Ich habe meine
Familie im Stich gelassen

Ich habe Depressionen
Ticke eins, zwei, viele Grade anders
Bin ich ein schlechter Mensch!?

Ganz egal
Ich werde mich hassen
Kann nichts dafür
So wie ich bin
Fühle mich so schlecht
Wie gegangen

Ewiglich

Die große Angst
Die ich mit mir trage ist
Dass sie sagen
Er hat sich einfach aus
Dem Staub gemacht

Ohne zu hinterfragen
Ohne zu verstehen, ohne zu wissen
Was habe ich doch –
Gefühlt und gedacht
Und so frage ich mich
Ewiglich
Bin ich ein schlechter Mensch?

Große Träume
Gesetzte Ziele
Von all dem
Doch NICHTS erreicht!

Gefecht

Ein neues Jahr
Neuer Abschnitt
Entgegen dem Großen
Dem Ganzen
Mit jedem Schritt

Mit vollem Einsatz
Euphorie und Tragödie
Alles vereint
Und mit von dem Gefecht
Ich will leben und
Mein Lebensziel erreichen
Im vollen Zug

Ganz lebensecht

Herz in Flammen

Ich könnte heulen
Könnte schreien
Könnte weinen
Darum bin ich wieder
Wieder mal am Schreiben

Traurigkeit und Kummer
Ganz bekannte Nummer
Schreibe hier
Die Zeilen breit
Denn ich quäl' mich
Durch die Zeit

Herz in Flammen
Die Seele brennt

Warmes Herz

Bei all der Kälte
Dieser Welt
Ist die einzige Wärmequelle
In uns selbst –

Warmes Herz

Pass gut drauf auf
Lass die Flamme
Niemals im Keim ersticken
Immer auf der Seele Lichtes blicken

Warmes Herz

Der **Winter**

Der Winter schleicht
So sanft und weich
Der Schnee rieselt so
Still und leis

Bedeckt so Stück für Stück
In all der Zeit
Baumgeäst und Mistelzweig

Eisig gefriert
Wald und Welt
Den Schneemantel nun trägt
Und es dem Menschen so gefällt
Kalte Zeiten für warme Herzen
Warum nur zur Winterzeit
Brennen wir, wie warme Kerzen!?

Diese **Reihe**

Ein Espresso
Dann Macchiato
Dazu Amaretto
Diese Reihe
Sie bringt mich heim

Meine Begleitung
Beim Schreiben
Mehr bedarf es mir nicht
So kann es
Schon
Vollkommen sein

Vom ZUHAUSE

Zeit zum Träumen
Zeit zum Sein
Nimm dir Zeit
Lass die Seele frei

Nutze den Moment
Lass das Herz fühlen
Drück' den Verstand
Auf Sendepause
Sorgen und Gedanken
Schieb' sie weit fort vom
>> Zuhause <<

Einfach mal treiben lassen
Gedankenfrei den Tag anfassen

Viel Kaffee

Heut ' ist so ein Tag
Stark der Kopfschmerz
Zitteranfall
Ganz seltsam
Viel Kaffee
Wasser getrunken
Doch der Schmerz
Er hält an

Warum
Habe ich diesen Schmerz?
Psychosomatik
Panik, Angst und Stress!

Kalter Wintermorgen

Ein kalter, dunkler
Wintermorgen
Es ist noch in der Früh
Ganz duster
Ist der Blick durchs Fenster
Die Welt schläft noch
In dieser eisigen Stille
Schreibe ich diesen Vers
Spüre und vernehme
Wie ruhig und friedlich
Doch die Welt im Schlaf liegt
Meine letzten frischen Gedanken

Dann heißt es für mich wieder
Das Haus verlassen
Weg zur Arbeit
Durch den Schlaf der Welt spazieren
Durch die Träume der endenden Nacht

Rosenbild

Er wirkt wie

Ein Garten der Ruhe

Ein Garten der Lebendigkeit aller Farben

Doch ist es still und schweigsam

Nur wenn eine Seele wieder

Diese Welt verlässt

Bekommt man dieses Gefühl

Als würde Leben existieren

Doch es ist der Platz

An dem das Leben verabschiedet wird

Er ist so voll mit bunten Blumen

Das Gesamtbild betrachtet, ähnelt einem Rosenbild

Friedvoll und

Voller Farbenfreude

Verabschieden wir die Menschen

Die uns geliebt und begleitet haben

Zerschlage alle Oberflächlichkeit

Ich sitze vor dem Blatt Papier, doch innerlich bin ich

Nicht im Jetzt und nicht im Hier

Ich bin in den Gedanken und sie schweifen weit

Bin nicht greifbar und weit entfernt der realen Zeit

Die Träume stehen in den Sternen –

Diese befinden sich am Horizont der Ferne

In Gedanken starte ich ins Universum

Große Reise in den Weltraum, besuche den Mond, die

Sterne

Grüße die Sonne, wenn ich sie dort oben sehe

Ich spüre eine Unendlichkeit ganz tief in mir

Zerschlage alle Oberflächlichkeit der Welt, bleibe auf dem

Planeten, der mir am besten doch gefällt

Vernehme von hier oben ein freundliches Lächeln –

Des großen, runden Erdballs

Egal wo ich jetzt erwache, wo ich nun bin, dorthin kehre

ich gerne zurück auf jeden Fall

Kapitel 3

Superheldenfigur
Der Knallkopf
Das Ungeheuer (Reim-Erzählung)

Superheldenfigur

ER sitzt im Bus am Fensterplatz, die vorletzte Haltestelle wird angefahren. Noch hat ER 20 Minuten, dann ist er Zuhause.
An der Haltestelle angekommen, steigt ein kleiner Junge mit seiner Mutter ein.
Der kleine Junge holt eine Plastikfigur aus seiner Tasche hervor. Mit dieser beginnt er zu spielen. Es handelt sich bei dieser Figur um einen Superhelden.

Der Kleine ist so vertieft in seiner Spielwelt, er lässt den Helden fliegen und kämpfen!

Plötzlich erinnert ER sich zurück, an seine Kindheit und die Welt der Superhelden. Bei genauerem Hinsehen, bemerkt ER, dass der Junge die gleiche Heldenfigur besitzt, wie welcher er damals hatte.

ER bekam sie geschenkt, von einem älteren Mann, mit den Worten; „Hier ein Superheld, für eine gute Welt"!

In all den Jahren des Erwachsen-seins, dachte ER in dem Moment nach, welche Taten er vollbracht hat und hat somit festgestellt, dass es Solche Superhelden leider nicht gibt.

Man kann selbst gute Taten ausüben, um die Welt ein bisschen besser und freundlicher zu gestalten.

ER schaute auf die Uhr. Noch gut 10 Minuten hatte ER Zeit bis zur Endstation, welche es wohl auch für die Mutter und den kleinen Jungen sein musste. Denn es war die letzte Station auf dieser Route.

ER kramte nach Schreibmaterial und dem Notizblock, welcher sich in seiner Tasche befand, bastelte einen „HELDENAUSWEIS".

ER ging auf den Jungen zu und sagte; „Auch du bist ein Held, wenn du Gedanken hast und den Willen trägst, Gutes in der Welt zu tun"! „Nimm diesen" ~ HELDENAUSWEIS ~

Der Junge war sichtlich überrascht und erfreut über diesen „Zettel", dieses „kleine Papierstück" auf dem einfach die Aufschrift HELDENAUSWEIS stand mit einem Heldenlogo und schön bunt verpackt.

Fazit der Geschichte:
Mit welch kleinen Dingen, man eine große Freude bereiten kann…

Der Knallkopf

ICH erinnere mich zurück, das Jahr 1996.
Das Jahr meiner Einschulung.

Als schüchterner Junge im Alter von 6 Jahren,
war für mich die Zeit der Einschulung und der
Grundschule – so etwas von neu und
befremdend.

Damals wusste ich noch nicht bewusst um meine
ausgeprägten Angstgefühle und um mein sehr
geringes Selbstvertrauen und dem damit
verbundenem geminderten Selbstwerfgefühl.

Es war mein erstes Schuljahr. Ich lernte ganz
gewöhnlich das Alphabet und das kleine 1x1.
Trotz meiner Erkrankung von Neurodermitis und
Asthma Bronchiale – welche mich insgesamt 6
Wochen Fehlzeit in der 1. Klasse kostete!

Meine Klassenlehrerin, war eine Sozialpädagogin
welche die „Auffälligen" und „Starken" förderte.

Ich war ohnehin ohne großes Selbstbewusstsein
und ohne großes Selbstvertrauen.

Es begann schon damit, was ich bis heute nicht vergessen habe, angeblich hätte ich in der Zahlenfolge die 3 – nicht selbst geschrieben!

So sollte ich eine zusätzliche Hausaufgabe machen und die Zahl 3, auf einer ganzen DIN A5 Seite nochmals vorzeigen!

Noch mehr verunsichert wie ohnehin, wurde ich nicht nur, mit dieser Aktion!
Wenn ich mein Hausaufgabenheft nicht direkt in der Schultasche fand, wurde ich ängstlich und erschrak!

Die Sozialpädagogin sagte darauf hin lediglich – wie allzu oft; „Maximilian, schau mal beim Christian, dem >>Knallkopp<< im Ranzen, wo er seine Sachen hat"!

Auch in den Schulzeugnissen der 1. + 2. Klasse hat gestanden, ein zu ruhiger Schüler, zurückhaltend, findet kaum Anschluss, traut sich nur wenig zu...

Fazit der Geschichte:
Der „Knallkopp" von damals ist heute Buchautor, hat alles von damals nicht vergessen! Er hat ein sehr stark

ausgeprägtes emotionales Wesen, mit sehr ausgeprägter Wahrnehmung und gutem Gedächtnis!

In diesem Sinne zur Erinnerung;
Wer ist hier der wahre Knallkopf!?

Das Ungeheuer

Habe ich narzisstische Züge?
Bin ich ein Tyrann?
Handle ich egoistisch oder einfach nur
So wie ich, anders gar nicht kann?
Bin ich ein Unmensch
Weil ich in meiner Ehe gescheitert bin?
Nennt mich doch wie ihr es wollt
Stellt mich als das, was ihr von mir denkt, doch einfach
hin!
Bin ich ein Versager?
Oder kein – „einfach nur JA-Sager"!?
Ganz egal was ich doch in euren Augen bin
Ihr stellt mich sowieso, für das, was ihr wollt, doch hin!
Auch ich bin nur ein Mensch
Ich habe Gefühle auch, wenn man es nicht meint
Auch ich habe Schmerzen
Und mir tut vieles, zu vieles – in der Seele leid!
Mich blockiert, ignoriert
Vielleicht – ja, vielleicht habe ich es ja verdient!
Bin kein Roboter, gegen Schmerz und Fehler
Greif ich zu Papier und blute mit der Feder!
Blaues Blut! Blaues Blut!
Nicht adlig, sondern Tintenflut
Herz gebrannt, Seelenfeuer
Schaut mich an, schaut mich an, das Ungeheuer!

Bonus-
Material

Suizid

Ende 2020

Traum-Leben

Die Axt sie schwingt

Der große Traum von Liebe

Zeit für Neujahrsträume

Gentleman außer der Reihe

Destination after each start

(K)ARMAGEDDON

In den Flammen brennen

IM ANFLUG WIE DER STURM

Das halte ich doch aus

Folge dem Glück

Lichterkettenhelligkeit

Die Fliehkraft

Die Flut beginnt (in Erinnerung 2019)

Nichts bleibt am Ende übrig

Parkett für den Lebenstanz

POPEL-KORSAR

Suizid

Vielleicht ist es abstoßend
Vielleicht ist es besorgniserregend
Aber ich glaube zu verstehen
Warum der Sänger
Einer bekannten und angesehen
amerikanischen Band
Suizid begangen hat
Geprägt von Depression
Geprägt von Leid von gescheiterter
Beziehung

Er hatte womöglich das Gefühl
Vom Kontrollverlust
Und sich somit möglicherweise
Immer wieder aufs Neue
Selbst in Frage gestellt!

(R.I.P. Chester Bennington 20.07.2017)

Und ich fühle mich - innerlich
So kaputt und leer
Das ganze Leben
Es erdrückt mich
Warum empfinde ich
Denn alles, als so schwer!?
(Meine Gedanken und Gefühle, Hofmann
25.10.2020)

Ende 2020

So groß die Leere in mir
Dabei so viel Platz im weiten Raum
Jede Zeile, jeder Reim, jedes Buch
Bislang — gebaut an meinem Traum

Nun ist irgendwas so anders
Ein Teil hat verloren in mir
Das Jahr neigt sich dem Ende zu
Schließ die Augen, es geht fort von hier!

Unzählige Kämpfe geführt
Neuversuche, wer nicht kämpft verliert
Es geht weiter, gibt kein Tabu
Kehre nicht den Rücken, sonst beißt die Schlange zu!

Nur eines – ganz gewiss
Nichts bleibt wie es ist
Ich verabschiede mich, von dem was war
Vom Teil des Traums, im 15. Jahr!

Beschrieben so viele meiner
Gefühlszustände
Tausendmal doch durchgekaut
Zum Kotzen ohne Ende

Über 20 Bücher Lyrik
Mein Lebenswerk
Das war's aus meinem Leben
Hab zum Abschied keinen schöneren Vers

Traum-Leben

Auf lange Dauer und
Weite Sicht
Ist wohl nicht mein Leben
Dies kann ich nicht

Ich lebe jetzt
Im Moment, im Augenblick
Was jetzt vergeudet wird
Kommt nie zurück

Ich lebe im Hier
Der Moment zählt ganz allein
Brauche sonst nichts
Nur wie der Fels sein Gestein

Was macht Sinn
Die Frage stelle ich nicht mehr
Denn ich will leicht leben
Und die Frage haftet schwer

Ich träume so viel
Vielleicht auch viel zu oft
Traum-Leben
Mehr Träume als Leben

Die Axt sie schwingt

Die Axt sie schwingt
Mit voller Kraft im vollen Zug
Von rechts nach links
Und von links nach rechts mit vollem Mut

Die Streitmacht
Oh, sie schreit nach
Gefecht und Schlacht
Beileibe am Tag und in der Nacht

Ist es die Schlacht der Liebe
Krieg der großen Gefühle
Beziehungskur oder
Des Lebens, Entziehung pur

Auf dem Spielfeld formieren sich
Mann und Frau fürs Schiedsgericht
Beziehung, Entziehung, ein Entmachten
Aus Liebe werden, Beziehungsschlachten

Ein großes Feuer welches noch
Zu Beginn am Toben scheint
Wird im Laufe des Vorgangs
Zur Flamme, Verbrennung dann auf Lebenszeit

Der große Traum von Liebe

Der große Traum von Liebe
Wird verkauft in Marketing-Shows
Gecastet werden Models und Profile
Welche man sich doch gerne anschaut

Nichts ist echt
Mir wird schlecht
In den Shows wird ein Leben eingebläut
Menschen beeinflusst und betäubt

Das wahre Leben es rauscht vorbei
Mit unaufhaltsamer Geschwindigkeit
Reality-Shows werden sie genannt
Gott oh Gott, wie hirnverbrannt!

Mit der Liebe wird bloß Geld gemacht
Ach sie an, wer hätte das gedacht?
Es ist so wahr und leider Fakt
Die Sender und die Industrie, sind doch
total abgefuckt!

Zeit für Neujahrsträume

Dichte Wolken ziehen
Durch das Mondlicht
Legen sich wie Schatten auf –
Den Atem, übers Gesicht

Es fällt das Herbstlaub
Der Wind fegt's an den
Wegesrand
Temperatur stürzt auf Winteranfang

So kalt und klar ist
Die Abendluft
Weit entfernt vom Sommer und
Dessen süßer Lebensduft

Es ist frisch, doch längst –
Noch kein Schneekristall
Es beginnt die Zeit
Für Neujahrsträume, das alte Jahr
Hat es nicht mehr weit!

Gentleman außer der Reihe

Bin ein Gentleman ohne groß
Hab und Gut
Anstand und Manieren habe ich
Dazu Siegesmut

Ich leb' im Jetzt
Ich leb' im Hier
Momente für die Seele
Sind mein Souvenir

Ich bin ein Gentleman, außer der Reihe
Ist mir bewusst, ohne große Zweifel
Sehe zwar nicht aus wie Sherlock Holmes
Krawatten schnüren mir die Kehle ein
Ein Gentleman außer der Reihe –
Der bin ich und der will ich sein!

Manchmal doch der Kindskopf
Will aber keinem etwas Schlechtes
Ich bin mein eigener Stil –
Hauptsache ich bin etwas Echtes!

Brauche weder Beichtstuhl
Noch einen Strauß voller blumiger Rede
Will einfach nur ich sein
Ich lebe und setze selbst die Segel!

Viele Farben hat das Leben
Auf und ab gehen die Wege
Neue Ziele im neuen Jahr
Auf all das, was einmal war

Gentleman außer der Reihe
Ohne jeden Zweifel
Egal ob es wer versteht
Es ist mein Leben, das ich leb'

Destination after each start

I lost control
I have a broken Soul
All my dreams fell apart
And now! I am standing alone

The love is sometimes sweet
Like a cherry with ice-cream
But sometimes the love is –
Rocking hard like a rolling stone

In lonely moments, I am thinking
The life is just a journey
Desires and Wishes are only –
A burning in the heart

The journey lasts a whole
Life-long
Until the deadly end
There is one destination
After each start

(K)Armageddon (Co---Shit 19) 2020

Land ohne Träume
Ein Leben ohne Fantasie
Wie trostlos und leer
Wäre jede Menschenseele hier!?

Monochrom - Farbentzug
Einsamkeit - Gäbe es mehr als genug!

Keine Aussicht
Auf bessere Zeiten
Schatten -
Die, die grauen Momente begleiten

Wenn der weite Horizont
Im Nichts versinken würde
Bliebe eine weite Leere
Sand und Staub, nur Dürre

Wenn der letzte Grashalm knickt
Und die letzte Rose bricht
(K)armageddon – der letzte Tag
Wir ziehen vor's letzte Gericht

In den Flammen brennen

Wunden die brennen
Wie die Flammen am Lagerfeuer
Funken die sprühen, frei in der Luft
Entfachen Gefühle, wenn auch –
Ungewollt und unbewusst!

Momente werden
Zu Narben, werden von uns
Auf der Haut durchs Leben getragen
Haben Geschichten zu erzählen
Und werfen auf, vielleicht, auch mehr
Als 1000 Fragen!

Wie entzündlich doch
Sehnsucht und Neugier sein können
Begreifen und fühlen
Wir erst aber dann –
Wenn wir in den Flammen brennen

Im Anflug wie der Sturm

Keine Strähne des Glücks
Keinen Funken Hoffnung
Nur Trauer und Schmerz
Rückst du mir in den Blick

Und schon bist du da
Wieder zurück

Kann dich fühlen
Kann dich spüren
Dein nackter, kalter Atem
Will mein Herz berühren

Du bist die Angst
Du bist sie in purer Form
Sinnestäuschend – du bist
Im Anflug wie der Sturm
Du machst keinen Halt
Du kennst keine Rücksicht
Wo du aufschlägst
Ist der letzte Balken, der bricht

Trübe Aussicht
Nebel der sich zuzieht
Erst zufrieden, wenn –
Verzweiflung und Panik geschieht

Das halte ich doch aus

Das erste Mal sitze ich
Vor dem leeren Blatt Papier
Zu viele Gedanken kreisen
Komme nicht zum Reimen hier

Abschied, Anfang –
Ende und Neubeginn
Nicht das erste Mal
Halte ich doch aus, krieg' ich doch hin

Wäre doch gelacht
Ich kenne dieses Leben nun
Immer wieder legt sich
Der Ruhe nach dem Sturm

Was sind Trophäen
Was sind Erfolge
Erinnerung und Erfahrung?
Niederlagen, danach neue Planung

Nichts läuft im Leben
100% gerade und glatt
Am Ende des Lebens zählt
Nur, dass man den Versuch gewagt hat!

Kein richtig – kein falsch
Kein wenn dann, aber doch
Das haut mich doch nicht um
Zeit zum Leben bleibt doch noch

Folge dem Glück

Wir sind Gestrandete, Gelandete
Schiffbrüchige, Suchend- und Findende
Wir alle sind Teil des Lebens
Begehen Stationen unserer Wege
Wir sind Hoffende, Liebende
Glücklich- und Getriebene
Wir alle sind ein Teil vom Ganzen
Wenn die Sterne richtig stehen –
Können wir am besten tanzen

Jeder hat seinen Platz im Leben hier
Folge dem Glück und bleibe bei dir
Greife nach den Sternen, wenn –
Der der Wind für dich sehr günstig weht
Sei das Licht, wenn die Sonne schlafen geht

Wir sind Verlorene, Geborene, Sieger Gewinner,
Erhobene und Beginner
Wir vertrauen allesamt aufs Glück
Hoffen es nimmt uns mit, wenn auch nur ein Stück
Wir sind Gebrannte, Gesandte
Freunde – vielleicht Feinde, Fremde, Vertraute
All unsere Träume die wir einst
Auf dem Sand gebaut

Lichterkettenhelligkeit

ROCKtober; Herbstbeginn
Kurz die Tage; das LICHT verschwindet
Grau und trübe die kalte Zeit
L I C H T E R K E T T E N – HELLIGKEIT

Süßes oder Saures
Happy Halloween
Einmal Horror-Spaß im Jahr
Nochmal fühlen wie ein TEEN

Sternenhimmel; Candlelight
Folge den Träumen durch die
E W I G K E I T
Dieses Leben –
Diesem Leben einen Teil
Von Herzen geben!

Keine Sonne; aber Mond und Kerzenlicht
Gläschen Wein; Schluck Zuversicht
Die letzten Tage in diesem Jahr
Das Neue schon im Anflug, sicher und
glasklar

Die Fliehkraft

Ein neuer Stern am Horizont
Ein neues Ziel am Himmelszelt
Es scheint als dreht sich schneller,
doch sie hat konstantes Tempo – diese Welt

Neuer Fokus, neuer Plan
Weg vom Kurs, auf eine andere Bahn
Spuren verlassen, Weichen stellen
Wie die Funken sprühen, leuchtendhell

Null auf hundert, von jetzt auf gleich
Bewege mich im – Moment der Zeit
Bin die Fliehkraft, wirke total befreit
Einmal durchs Universum, hohe Wellen, lang
und weit

Bin die Murmel in der –
Umlaufbahn
Kreise um die Erde, wie der Ring
Um den Saturn
Ich überrunde all –
Die ganze Zeit
Verticke den Zeiger auf
Sämtlichen Uhren

Die Flut beginnt

1 Du warst meine Kraft
In schwerer Stunde
Hast gestanden
An meiner Seite bis zuletzt

2 Hast mit mir gekämpft
Im Zeichen jener Wunde
Auf ewig bleibt bestehen -
Das Ziel welches man setzt

3 Nun ziehst du mit den Sternen
Ich schreite weiter im Gefecht
Nichts geht so von leichter Hand
Denn dein Platz ist nun mein Schatten

4 will doch bleiben der ich bin
Nur dies wird mir auch gerecht
Ich denke an den Weg, den wir betraten
Und an die Zeit, die wir zusammen hatten

5 Jeden Anker den ich werfe
Verliert sich im Nichts
Der letzte Funken er verglüht
Es ist das Erlöschen des Lichts

Refrain: Part
Jetzt genieße ich noch einmal / Die Ruhe vor dem Sturm
Bevor die Welle bricht / Und die Flut beginnt
Ein letztes Mal in Ruhe / Bevor die Flut beginnt

Refrain: Part II
Die Ruhe ist vergangen / Es tobt der Sturm
Die Welle bricht / Und die Flut reißt los
Der letzte Moment / Aller Ruhe
Die Welle bekommt / Den letzten Stoß

Nichts bleibt am Ende übrig

Es ist wie ein haltloser – tiefer –
Fall durch die Nacht
Die Engel haben heute frei
Der Teufel hat den Plan gemacht

Stürze so rasant – rapide –
Mit sprühenden Funken, donnert der Hall
Die Geräuschkulisse explodiert
Ein Loch reißt in den Boden, lauter Knall!

Es wird ein tiefer Sturz
Bis weit unten auf den Grund
Der Schmerz geht spürbar tief
Das Herz es schleift sich total wund

Neugewonnene Freiheit – auf –
Teure – Kosten der Liebe
Brennende Narben – zerrissen
Zerfetzte und verletzte Gefühle

Mit hoher Geschwindigkeit
Dieser Fall ist wie ein Rausch
Nichts bleibt am Ende übrig
Alles verbrennt im Feuer zu Asche
Auf – steigt nur noch Rauch

Parkett für den Lebenstanz

Zu großer Erfolg
Lockt falsche Freunde
Tief verspürte Leere
Vertreibt jegliche Freude

Großes Herz, viele Ideen
Und doch Einsamkeit
Alles sprudelt in mir
Fluch und Segen zugleich

Werfe ich weg
Was doch so kostbar erscheint
Ein eisiges Herz
Voller Kälte, so tief eingeschneit

Große Sommertraurigkeit
Ohne Farbenglanz
Tränen füllen die Pfützen
Vielleicht das Parkett für den Lebenstanz

Der Mund er schweigt
Das Herz es weint
Seele trägt schwere Last
Alle Wege weit

Felsgestein und
Mauerkies im Sand
Der Spiegel ohne Bild
Hängt an maroder Wand

POPEL-KORSAR

Erst fahre ich mir den Reifen platt
Dann muss das Auto in die Werkstatt
Dann ist am Auto das Türschloss defekt
Stehe vor dem Auto, komme nicht rein –
Was ein Dreck!

Ein paar Tage später ist der Tankdeckel kaputt
Dieses Auto ist auch wahrlich der letzte Schrott!
Auf der halben Fahrt, verabschiedet die Birne sich – in
Dunkelheit sieht man ohne Licht nur schlecht!

Als ich vom Einkaufen zurückgekommen bin
Öffnete ich den Kofferraum
Mir donnerte die Klappe zu, Teleskopstab brach ab – man
glaubt es kaum!

Die Kontrollleuchten sie blinken auf
Ich starte den Motor, sie gehen nicht aus!
Noch nicht das Ende von all der Schmach
Zylinderkopfdichtung, war auch noch im Arsch!

Die Werkstatt, sie freute sich sehr
Scheine hat's gekostet, der Geldbeutel leer!
Nie wieder im Leben, fahre ich einen Popel
Vorher laufe ich lieber, als zu fahren so einen Hobel!

Künstler ft. Publikum

Ein gelungener Tag (für Vanessa, Frankfurt/M.)
Ich brauche Meer (für Sarah, Rheinland-Pfalz)
Lichtdurchflutet (für Lea, Marburg/Pfalz)
Deutschland (für Nuri, lebt seit 2 Jahren in Marburg)
Rap und Sprache (für Manfred, Fan von Rap, Stadtallendorf)

Ein gelungener Tag

Wenn ich mir die Zeit nehme
So für mich nachdenke
Bin ich glücklich über –
Das, was ich gleich alles benenne

Ich genieße meine Zeit
Mit lieben Menschen, meinen Freunden
Es ist sehr schön die Zeit –
Zu verbringen, mit „meinen Leuten"

In den Tag starte ich
Allzu gerne mit Kaffee
Der Duft gemahlener Bohnen
Ich genieße ihn wirklich sehr

Zur Entspannung
In ruhigen Momenten
Da greife ich gerne zu einem Buch und lese
Ist wie das Sortieren meiner Seele

Beim Kunstturnen –
Bewege ich mich, atme ich frei
Trotz der Vielfalt an Bewegung ist es
Meine Einzigartigkeit

Die freien Stücke
All diese tollen Momente
Es sind die Schwingungen meines Lebens
Frei und leicht zu sein
Gedanken die ich dann lenke!

Am Abend dann
Nach meinem langen Tag
Nehme ich mir die Zeit für spanisches Essen
„Viva Espana", was ich doch so sehr mag

Ich brauche Meer

Ich brauche eine Insel
Mit vielen Palmen, einen ganzen Strand
Mein eigenes Meer
Nicht nur eine Woche, ein ganzes Leben lang

Auf dieser Insel
Habe ich meine eigene Cocktailbar
Es wird auch Weißwein ausgeschenkt
Es ist doch völlig klar

Diese Insel
Ist nunmehr meine Heimat, fester Wohnsitz
Von hier plane ich nun meine Reisen
Segele durch die Welt, yeah!
Die Sache ist in den Palmenstamm geritzt!

Ach und nicht zu vergessen
Zeit für meine Lieblingsbeschäftigung habe ich auch –
Das ist doch sowas von klar!
Ich schwinge die Hüfte, Zeit für ZUMBA!!!

Ich reise durch die Welt
Über Meereswellen und tanze im Wind
Am Deck meiner Flotte
Springe ich und mache ZUMBA, frei wie ein Kind!

Wie lichtdurchflutet

Wie nehme ich mich wahr
Was tut mir alles gut
Mit frischem Kaffee in den Tag
Mit Spannung schaue ich, was er so bringen mag

Ich nehme mir bewusst
Die Zeit für mich
Ich schreibe und fühle, dass ich lebe
Die Sprachen zeichnen mich aus, jedes Gedicht

Ich lese auch gerne Bücher
Tauche ein in die Welten
Welche geschrieben sind auf Seiten –
Ich lese gerne, all die geschriebenen Zeilen

Mich fasziniert die Astronomie
Sie beschreibt Leben und Unendlichkeit
Ist wie mit der Sprache, viele Worte gibt's
Doch das Schreiben es endet nie

Ich fühle mich so wohl und gar –
Wie lichtdurchflutet
Sanft und behutsam, so lebendig
Tief im Innern weiß ich, was mir gut tut

Deutschland

Ein bewegtes Leben hat er hinter sich
Die Flucht aus der Heimat
Schmerzt ihn noch sehr, erinnert er sich

2016, das war das Jahr
Als er in Deutschland angekommen war
Deutschland war seine Rettung
Mit Tränen in den Augen, dankt er dieser Rettung

Nuri, ist viel am Lachen
Freundlich seine Ausstrahlung, sein Wesen
So versucht er zu vergessen
Was einst in seinem Leben war gewesen

2 Jahre lebt er nun in Marburg
Er ist dankbar und freut sich über seine neue Heimat
Doch oft denkt er zurück an das was war
Denn im Herzen bleibt ja auch die Heimat, eine Heimat

Er sagt, in Deutschland kann er leben
Ohne Angst und ohne Schrecken
Krieg und Vertreibung, es prägt
Nun ist er hier in Marburg, sein Herz, es für den Frieden
schlägt!

Rap und Sprache

Er war ein Heimkind
Hatte keine
Gute Jugendzeit
Halt und Zuflucht fand er
Beim Rappen
In der Sprache
Er schreibt sehr viele Zeilen
Texte aus seiner Zeit
Es hilft ihm
Über seine Vergangenheit
Hinweg und schreibt
Für eine bessere Zukunft

Er schreibt nur für sich
Ohne es zu veröffentlichen
Er sagte so fühle er sich
Als wären die Rechnungen beglichen!

Eminem
Der Rapper aus den USA
Er ist sein Vorbild
Bewundert ihn wirklich sehr
Wenn Manfred einmal
So weit ist – sagt er
Rappe ich auch mal
Ich sagte zu ihm – ja bitte!
Das möchte ich dann auch einmal hören!

BÄCK 2 SCHOOL

4. Kapitel

Vorgeschichte

Als Kind…

3m Fluss abwärts

An diesen Tagen

Ände där Schuulzeid

Vorgeschichte:

Jeder kennt sicherlich die Zeit, die – naja prägend war, ob positiv oder negativ.

Im Prinzip mochte ich die Schule eigentlich ganz gern, abgesehen von den blöden Mitschülern, Hausaufgaben, Lehrern, frühem Aufstehen und dem Mobbing, etc… eigentlich –

Ja was eigentlich mochte ich in der Schule!?!?
Kunst, Sport, Geographie und Deutsch!
Ganz eindeutig jA!

Der „Knallkopp" den Begriff oder die lächerliche Beschimpfung erhielt ich in der frühesten Zeit der Schule, nämlich in der 1. Klasse… von meinen ach so tollen Frau Lehrerin Wamper!!!

Nun die Lyrik und der Grund für den „Knallkopp" (siehe Text; Der Knallkopp, Kapitel 3)

Als Kind

Als Kind
Ist der Wert des Geldes
Unbedeutend
Man hat gerne
Abgegeben
War wirklich befreundet

1.- DM für ein Eis
2.- DM Fußballkarten
Wer erinnert sich daran
Gebolzt bei Regen im Garten

Im Radio lief samstags
WDR 2 – Fußballkonferenz live
Ich bin froh um die Erinnerung
Sie ist meines Lebens Teil

Früher teilte man alles
Freud und Leid
Sogar die Zeit
Freundschaft heute, fern ganz weit!

Das war tiefgründig und eigentlich
Doch gar nicht so geplant und gedacht
Jetzt kommt Klamauk, Lyrik anderer Klasse
Was ein „Knallkopp" wohl so macht –
Was macht ein KNALLKOPP eigentlich!?
Frau Wamper!? … Frau Wamper???

3m Fluss abwärts

Mathe war nie mein Ding man!
Ich erweckte andere Interessen
Zum Beispiel warum wir Menschen essen –
Tiere draußen leben und sie fressen!?

Ich wollte wissen was BVB heißt
Ich malte schwarz-gelbe Bilder mit Dortmund
Die Lehrerin war genervt und sagte
„Male mal was anderes aber nannte keinen Grund"!

Heute bewege ich mich frei literarisch
Andere sind dumm wie 5m Feldweg
3m Fluss abwärts – zählen 21 Punkte auf dem Würfel
Grübeln und fragen sich, warum es nicht mehr wird

Heute kapieren sie nicht mal, dass es -
Bei Pfandflaschen ohne entsprechendes Symbol
Auch keinen Pfand gibt, meckern dann rum –
„Was eine Scheiße"! Ich denke ~ scheiße seid ihr hohl ~

Damals war ich ruhig und schüchtern
War der Junge der im Wind und Schatten steht
Heute, Junge! Heute gebe ich Gas –
Nutze euch nur als die Formel vom Bremsweg!

AN DIESEN TAGEN

An jenen Tagen nagele ich gern –
Einen Nagel in die Wand
An diesen Tagen fülle ich Löcher
Weit und voll bis zum Rand

Isch trete, isch boxe, isch klopp
Macht das etwa ein Knallkopp!?
Was macht ein Knallkopp – keinen Plan!
Ist er durchgeknallt und fährt Achterbahn?

Ist er zweideutig-denkend unterwegs
Ist er einfach zu schlau, sag mir doch bitte –
Jemand, was ein Knallkopp macht
Weil ich es einfach nicht versteh!

Der Knallkopp, ist er ein Prellbock?
Hört der Schlager, Gängxta-HIP-HOP
Oder einfach Gothic, Metal und Rock!?
Verdammt! Scheint so ein Knallkopp!?

Hat der Knallkopp Rinderwahn?
Einen zu viel gekippt, als er am Tresen war?
Ich habe keinen Plan, ich weiß einfach nicht
Hey Knallkopp, gibt es dich eigentlich?

Änd<u>e där Schuulzeid</u>

Die tolle Lehrerin der Grundschule
Meinte damals ich sei zu ruhig und schwach
Ich werde nur gut genug für die
Hauptschule sein, packe nicht die Real!

So ging mein Weg 1998 in die Hauptschule
Fast mein Untergang, aber nur fast
Trotz der beschissenen Zeit mit Idioten –
Machte ich 2001 die Mittlere Reife, passt!

2001 – 2003 holte ich also den
Realabschluss nach, besserer
Notendurchschnitt als auf der Hauptschule
Freudenfest, Freudentanz, Frau Wamper!

2003 – 2007 Sogar eine Ausbildung
Stahlindustrie, Zerspanungsmechaniker
Geometrie, Algebra, technisches Zeichnen
Wamper, biste platt was!?

Heute!? Ja heute, bin ich sogar
Personaldienstleistungskaufmann bilde mir
aber nix drauf ein, im Gegenteil verachte
die Zeitarbeit, ich schreibe meine Bücher!
Frau Wamper, der Knallkopp kann was!!!

Für das Wohlbefinden (Lyrik)

Kapitel 5

An manchen Tagen
Treibender im Meer
LICHT HERVORGEBRACHT
Zum Durst getrunken
Ich steige wieder auf
Einsam/Belebt
Träume zu haben
Für so viele Ziele
Fuck-Side-Down!

AN MANCHEN TAGEN

An manchen Tagen
Da feiere ich das Leben
Und an diesen Tagen
Liebe ich sogar den Regen

An manchen Tagen
Fühle ich eine Unendlichkeit
An diesen Tagen
Bin ich für Sorgen unerreichbar weit

An diesen Tagen
Setze ich die Segel
Ich stürme durch Wind und Wetter
Gegen alle Regel

An diesen Tagen
Lebe ich so, als ob es mein letzter wäre
Es ist als ob ich
Über meinen Schatten springe und
Hindernisse überquere

Treibender im Meer

Ich bin ein Treibender
Im weit offenen Meer
Ein riesig großes Herz
Voller Sehnsucht schwer

Das Abenteuer
Es ruft aus der Ferne
Es liegt weit, doch kann es hören
Zwischen festem Grund und den
Sternen

Bin wie ein Matrose
Gestochen in die weite See
Herz ist Heimat
Die Freiheit ist des Fisches Meer

Wo treibt es mich hin
Was lockt dort draußen so
verführerisch?
Das Leben, es ist so unbeschreiblich

Licht hervorgebracht

Klare Linie, neue Ziele
Immer weiter der Spur entlang
Durch jeden Wind und jeden Sturm
Auch im Feuer schon gebrannt

Selbst bei Zweifel, Angst vorm Scheitern
Stetig weiter auf den Weg gemacht
Durch Dunkelheit und schwere Zeit
Aus jedem Schatten, Licht hervorgebracht

Wie oft schon, war der Glaube am Brechen
Und wie oft stand das Herz in Flammen
Und sag, wie oft bist du aufgestanden
Nach jedem Mal – hinfallen!?

Bist niemals liegen geblieben
Immer den Kopf aufrecht gehalten
Jedem Widerstand und Hindernis
Hast du bis zuletzt deinen Mann gestanden

Klare Linie, neue Ziele
Der Spur die Treue – mein Lebensschwur
Bereit zum Kämpfen, den Willen zum Sieg
Dies liegt in unserer Natur

Zum Durst getrunken

Verbranntes Land, Asche steigt zum
Himmel auf
Die Sonne sinkt und der Mond er tanzt im
Sternverlauf

Die Träume entfachen, mit des Funken
Hoffnung
Neue Bahnen kreisen der Welt
Ganz offen
Mit Glück und Zuversicht, nach der
Dämmerung und nach der Dunkelheit, bricht
Auch wieder neues Licht

Ich nehme den Mantel, Hut und Stock
Packe Hab und Gut zur Tasche rein
Voll die Koffer mit Pack und Mut
Geht's weiter des Weges fein

Wo ist der Händler, der das wahre Glück
verkauft?
Wo ist die Kartenlegerin, der ich mein Leben
in die Hand anvertrau?

Gaukler, Schwindler, Diebe
Törichte Halunken
Schnaps und Rum schenken sie aus
In sämtlichen Spelunken

Alles was doch zählt
Ist der Moment
Und zu jedem Durst
Hat man doch getrunken!

ICH STEIGE WIEDER AUF

Was habe ich im Leben
Denn falsch gemacht?

Ich glaube ans Glück
An den goldenen Morgen
Ist es naiv, bekomme ich –
Von meinem Glück nichts zurück?

In mir brennt die Hoffnung
Ans gute Gelingen
Doch ja, mein Hals war –
Schon so oft in der Schlinge

Und doch glaube ich ans Glück
Und alle Zuversicht –
Dass eines Tages alles zurückkommt
Das glaube ich!

Wie oft schon im Winde verloren
Ein Fall ins Nichts
Im Dunkeln zu leben
Lernte ich ohne das Licht

Unsere Zeit ist gesetzt
Die Jahre begrenzt und gezählt
Alles in allem wohl immer
Flasch ausgewählt!

Ich liege im Dreck
Brenne im Feuer
Doch ich steige wieder auf
Diese Rechnung wird teuer!

Es wird der Teufel bezahlen
Für das Leid und die Qual
Wurde im Feuer gehärtet
Geschmiedet wie der Stahl

Einsam/Belebt

Es ist einsam und still in mir
Einsam in Gedanken und Gefühl
Doch trotzdem auch so seltsam –
Ein Gefühl, als wäre ich belebt

Alles was mich runterzieht
Das ziehe ich wieder rauf
Einsam, wortlos und so gedankenschwer
Doch irgendwie auch belebt

Traurigkeit und Euphorie
In die Einsamkeit getränkt, in mir
Gute Gedanken, schöne Gefühle
Teile sie, strömt durch mich, aber bleibt in mir

Einsam, grau und kalt –
Doch zeitgleich - irgendwie, belebt,
Euphorisch, komisch
Wie ein Sieg, aber sieht niemand – nie!

Einsam und doch irgendwie belebt
Mein Leben, mein Ich, weiß gar nicht wie es
anders geht – Freude und Freiheit, ich spüre
sie, doch schwer wird sie nur geteilt!

Träume zu haben

Ich weiß es ist leicht
Träume zu haben
Und es fällt schwer, es braucht Fleiß
Sie alle aufzubauen

Wie schwer und ermüdend
Der Weg auch scheint
Liegt auch Stock und Stein, denke nur daran
Wie möchtest du zurückschauen

Mit Glanz im Blick
Mit strahlenden Augen
Mit Mut die Dinge beginnen
Fest an deine Träume glauben!

Lass dich nie und nimmer klein kriegen!
Mache deine Schritte – nur so sag ich
Wirst du am Ende siegen!
Über all die Träume fliegen!

Träume zu haben, ich weiß ist leicht
Doch du stehst oft allein vor dem Beginn
Gibt nur wenige die an dich glauben
Wichtig ist, dass du an dich glaubst!

Für so viele Ziele

Du hast gekämpft
Für so viele Ziele
Warst im Konflikt
All deiner Gefühle

So groß
Fühlbar, spürbar
Dein Herzenswunsch
Wenn man nur genau bei dir fühlt

Dein unbändiger Glaube
All deine Willenskraft
Hat dich dorthin –
Wo du jetzt bist gebracht

Viel eingesteckt
Kopf hingehalten
Aber dafür auch
Vieles geschafft!

Für so viele Ziele
Weite Wege bestritten
So weit hinaus in die Welt
Fern der Heimat geritten

Fuck-Side-Down!

Im Prinzip ist man nicht der Welt egal
Sondern den Menschen, die sie bewohnen
Vielleicht schmerzt es der Natur –
Einem Baum, einer Katze mehr, wenn du mit
Unrecht behandelt wirst, als es vielleicht nahezu
100.000 Menschen berührt!

1000-mal fragst du die gleichen Leute
„Wie geht's"!?
1000-mal tust du dieselben Dinge
Wie immer…!
Aber ein einziges Mal fragst du nicht –
Tust du nicht und handelst du nicht –
Nach ihrer Gewohnheit!
Schon wirst du angesehen und angesprochen!

…Erschlagen und ermüdet
Bitter gekämpft um jeden Stand
Was habe ich im Leben alles falsch gemacht
Naiver Glaube, Blauäugigkeit –
Brachte mich in Stürme jener Zeit…

Fuck-Side-Down!
This is where we are living
Fuck no bright shining crown
No thanks, for no giving!

B.A.G Blog an Gott –
Extended Chapter

Kapitel 6

Lieber Gott, wieder mal ein Blog
Ein Blog an dich
Du – Bist du doch in der Dunkelheit
Das Licht?

Ich quäle mich, durch jede
Tagesschicht
Habe ich das verdient
Gott, das frage ich dich!

Ich bin leider keiner –
Dieser Menschen, die ihren Job lieben
Mein Traumberuf, der Berufung folgen
Ist mir bislang verwehrt geblieben!

Ich schreibe jeden Tag
Rund um die Uhr gegen all mein Leid
Über all die Schmerzen meiner Seele
Doch sie lindern zu keiner Zeit!

Jetzt wende ich mich
Wieder mal an dich – und sorry ja
Du denkst sicherlich –
Jetzt mal wieder und sonst nicht!

Text 2: Die Menschen

Ich bin ein Mensch
Keine Marionette
Man zieht mir keine Drähte
Bin nicht Teil der gesellschaftlichen Kette

Brauche weder Norm
Noch ein Prädikat
Ich bin doch ein Teil Gottes
Also sein Unikat!

Die Menschen machen –
Mir mein Leben schwer
Ich will ausbrechen
Aus ihrem System, es ist menschenleer

Ich kann alleine leben
Trage den Glauben an dich
Will in Freiheit leben
Mehr brauche ich hier nicht!

Gott ich bete und bitte
Dich um Hilfe!
Viele Menschen, sie kotzen mich an
Ich habe keine andere, große Wahl
Sie zwingen mich, dass ich mich verändere
Weil ich so nicht mehr leben kann!

Lieber Gott
Bitte vergebe mir –
Dass ich meine Familie zurückließ
Doch ich kann nicht mehr!

Einerseits bete –
Und bitte ich um Gnade im Leben
Doch scheinbar habe ich –
Alles verdient was ich bekomme

Mein Leben seit der Kindheit
Schwer und katastrophal
Miserabel gestartet
Leid erfahren und Höllenqual

Immer im Frieden –
Allen meine Hände gereicht
Es wurde drauf gespuckt
Sie wurden in Scheiße eingeseift!

Mein Leben ist nicht so –
Wünschenswert schön
Vielleicht soll es so sein
Ich sage also, Dankeschön!

An manchen Tagen da –
Fühlt sich mein Leben
Nicht so wie mein Leben an
Ich bin wie verwirrt und hilflos

Was hast du vor?
Bin ich ein Teil deiner Pläne?
Ich bin depressiv bis zum – geht nicht
mehr! Los! Zeig die Zähne!

Ich lebe in Turbulenzen
Komme allzu oft ins Straucheln
Könnte echt mehr als nur –
Bisschen Abhilfe hier gebrauchen!

Ich könnte geistigen Beistand
Beispielsweise in Erwägung ziehen
Denn bei allem, was in mir los ist
Werden die Engel fliehen!

An vielen Tagen da –
Lebe ich, sondern bin einfach nur da
Wie gar nicht existent
Alles nur Illusion, gar nicht wahr!

Ich habe versucht
Im ewigen Frieden zu leben
Doch erscheint es mir
Als nicht möglich hier

Ist das Leben nur ein Test
-Durchgefallen- oder -Bestanden-
Fehler und Sünden
Werden keine Punkte landen!

Doch wenn, nach dem Leben
Der Tod so oder so doch kommt
Wisst ihr, dass ihr mich könnt!
Mir ist eh hier nichts von euch gegönnt!

Ich feiere das Armageddon
Der Tag vom jüngsten Gericht
Auf Ragnarök und Prophezeiung
Ohne Pardon, keine Verzeihung!

Sterbt alle langsam
In Sodom und Gomorrha
Mit der Pest am Hals!
Gott, viele Menschen sind Schmodder!

Bibelstunde
Bibelstellen
Faust aufs Auge
Zahn um Zahn eine Schelle

10 Gebote
Psalme und Gebete
Gelobtes Land
Prediger und Rede

Verstoß gegen Verbote
Gelächter, schlechte Rede
Totes Land – Alles
Was Menschen hier von sich geben!

Wie du mir
So ich dir
Ziehen wir vors Gericht
Wie asozial ist es hier!?

Gerechtigkeit
Nur ein Begriff
Kirche und Glaube beschmutzt
Alles getränkt im puren Gift!

Krieg, Frieden
Elend, Leid – schöne Zeit!
Willkommen in 2020
Verkorkste Menschheit!

Die Friedlichen müssen büßen
Für die, die Sünde tun
Falsches Zeugnis
Ergaunert all der Ruhm!

Die Politik – die Schlange
Die Industrie – das Gift
Keiner merkt hier mehr –
Wie alles doch verdorben ist!

Kapital und Zahl
Statt Sozial und Moral
Gewinn erbeuten um jeden Preis
Bis wieder einer ins Gras beißt!

Corona Lockdown!
BOOM! und BÄNG!
Gott oh Gott –
What are doing all the humans?

Die 10 Gebote
Pfade und Richtlinien
Ausgehebelt, wenn und aber
Klammer und Strichpunktlinie

Kirche durch den Dreck gezogen
Die Gier des Menschen –
Schrecklich und hässlich
Viel zu lange und weit schon überzogen!

Gott und den Glauben
Längst in Frage gestellt!
Doch der Mensch hat verdorben
Natur und Verhalten auf dieser Welt!

Gott lässt die Menschen walten
Er lässt sie stetig tun
Und der Mensch er treibt und treibt es
Noch viel weiter für Geld, Gold und Ruhm

Wir werden gerichtet nach dem Leben
Wenn der Tod unsere Stunde einläutet
Unter Tränen werden wir schreien –
Wir haben unsere Menschlichkeit vergeudet!

Ich bin weder faul
Noch ist mir alles egal
Bin halt nur kaputt
Nervlich total im Arsch!

Wieder mal sitze ich hier
Schreibe diese Zeilen
Alles was ich will verdammt!
Heilen! Heilen! Heilen!

Mir ist alles zu viel
Hier in diesem Leben
Die Regeln, die Befehle
Was Menschen so reden!

Immer funktionieren, gleiches Schema
Wenn, ja, dann, oder so –
Die ganze Scheiße kotzt mich an
Von dort bis sonst wo!

Ich will einfach nur heilen
Doch die Menschheit lässt einen nicht
Denn die Menschheit ist lange im
Arsch und dies ist hart, denn erkenne
ich es!

Wo befinde ich mich meines Weges?
An welchem Platz stellte man mich ab
Haltestelle des langen Regens oder –
Nur im Schatten der Sonne knapp!?

Bin ich gestrandet oder
Einfach nur unsanft gelandet!?
Nur vom Pech verfolgt, weil –
Die Stelle des Glückes belegt!?

Weiß ich einfach nichts zu schätzen
Überschätze ich mich selbst!?
Fragen über Fragen – abgefunden!
Mit dem, worauf du keine Antwort erhältst

Kannst im Leben 1000 Fragen sparen
Frage einfach nur – WARUM -
Keine Antwort, also genau
Das ist der Grund, spare sie darum!

Liebe Leserinnen und liebe Leser,

vielen Dank, dass Sie sich für dieses Buch –
DAS GANZE NENNT SICH LEBEN – entschieden
haben.

Ich hoffe es hat Ihnen gefallen und Sie hatten eine
angenehme Zeit durch die Reise der Lyrik.

Bis zum nächsten Band, eine gute Zeit wünscht

Christian Hofmann

Christian Hofmann, geb 5.3.1986 in Biedenkopf bei Marburg.

Der Autor verfasst seit dem Jahr 2006 seine Schriftstücke.
Eine große Reihe seiner Werke hat er bereits unter – ENTGEGEN DER ZEIT (20 Bände) herausgegeben.

Seine Worte…

„Das Schreiben erfüllt mich, es ist meine Leidenschaft – und es ist für mich als Künstler nichts ehrenvoller, wie meine geistigen Ströme mit Menschen teilen zu können"

Insofern möglich:

Können Sie mich im Jahr 2021 auf einigen Buchmessen wie Frankfurt und Leipzig antreffen. Aber auch in Riedstadt, Mainz.

Auch dies ist ein Teil meines Werdeganges, Corona-bedingt behalte ich vor, ich freue mich auf die Buchmesse 2021 mehr denn je!

Endlich wieder den Leserinnen und Lesern, meinem Publikum näher sein zu können.

Bis dahin,

Christian Hofmann

Mehr Informationen:
Books On Demand, Facebook und Instagram; Christian.Hofmann.autor
Youtube-Channel: Christian Hofmann

Harte Zeiten
Raue Stürme
Sie liegen hinter mir
Die Dinge liefen, so wie sie liefen

So ist das Leben
2021
Halte ich wieder
Fester dagegen

Muss mich erholen
Im Winterschlaf – mit neuer Kraft
Werde ich dann wach
Im nächsten Frühjahr